Usborne

First hundred words

in French

Heather Amery

Illustrated by Stephen Cartwright

French language consultant: Renée Chaspoul
Edited by Jenny Tyler and Mairi Mackinnon
Designed by Mike Olley and Holly Lamont

 There is a little yellow duck to find in every picture.

Le salon   The living room

papa
Daddy

maman
Mummy

le garçon
boy

la fille
girl

le bébé
baby

le chien
dog

le chat
cat

Les vêtements Clothes

les chaussures
shoes

la culotte
pants

le pull
jumper

le maillot
de corps
vest

le pantalon
trousers

le tee-shirt
t-shirt

les chaussettes
socks

Le petit déjeuner **Breakfast**

le pain
bread

le lait
milk

les œufs
eggs

la pomme
apple

l'orange
orange

la banane
banana

Dans la cuisine In the kitchen

la table
table

la chaise
chair

l'assiette
plate

8

le couteau
knife

la fourchette
fork

la cuillère
spoon

la tasse
cup

Les jouets Toys

le cheval
horse

le mouton
sheep

la vache
cow

10

la poule
hen

le cochon
pig

le train
train

les cubes
bricks

Chez grand-mère et grand-père

grand-mère
Granny

grand-père
Grandpa

les pantoufles
slippers

At Granny and Grandpa's house

le manteau
coat

la robe
dress

le bonnet
hat

Au jardin public   In the park

l'arbre
tree

la fleur
flower

les balançoires
swings

le ballon
ball

le toboggan
slide

les bottes
boots

l'oiseau
bird

le bateau
boat

Dans la rue

In the street

la voiture
car

le vélo
bicycle

l'avion
plane

le camion
lorry

le bus
bus

la maison
house

La fête   The party

le ballon
balloon

le gâteau
cake

la pendule
clock

la glace
ice cream

le poisson
fish

les biscuits
biscuits

les bonbons
sweets

À la piscine

At the swimming pool

le bras
arm

la main
hand

la jambe
leg

les pieds
feet

les orteils
toes

la tête
head

le derrière
bottom

Au vestiaire
In the changing room

la bouche
mouth

les yeux
eyes

les oreilles
ears

le nez
nose

les cheveux
hair

le peigne
comb

la brosse
brush

Dans le magasin   In the shop

rouge
red

bleu
blue

vert
green

24

jaune
yellow

rose
pink

blanc
white

noir
black

Dans la salle de bains   In the bathroom

le savon
soap

la serviette
towel

les toilettes
toilet

la baignoire
bath

le ventre
tummy

le canard
duck

Dans la chambre In the bedroom

le lit
bed

la lampe
lamp

la fenêtre
window

la porte
door

le livre
book

la poupée
doll

l'ours
bear

Match the words to the pictures

le ballon

la banane

le bonnet

les bottes

le canard

le chat

les chaussettes

le chien

le couteau

la fenêtre

la fourchette

le gâteau

la glace

le lait

la lampe

le lit

le livre

le maillot
de corps

l'œuf

l'orange

l'ours

la pendule

le poisson

la pomme

la poupée

le pull

la table

le train

la vache

la voiture

Les nombres Numbers

1 un

2 deux

3 trois

4 quatre

5 cinq

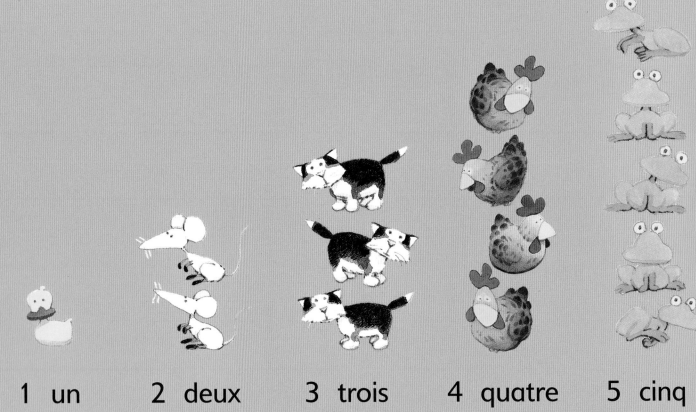

1 un   2 deux   3 trois   4 quatre   5 cinq